Ludovico Einaudi

[Stanze]
versione originale per arpa
original version for harp

RICORDI

a tutti quelli che continuano a tenere il fuoco acceso

to all those who keep the fire burning

INDICE | CONTENTS

Ludovico Einaudi
NOTTE

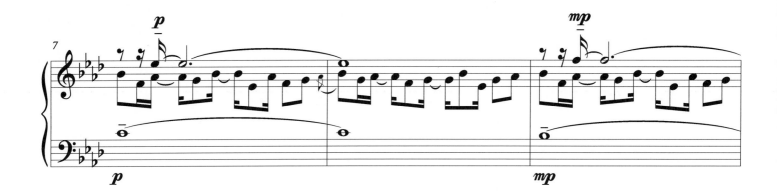

136470

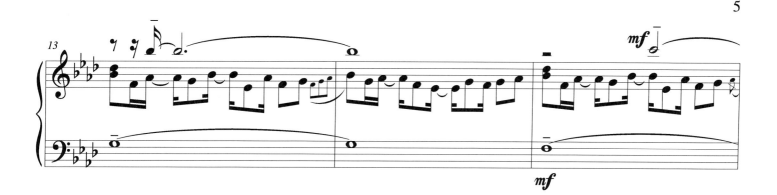

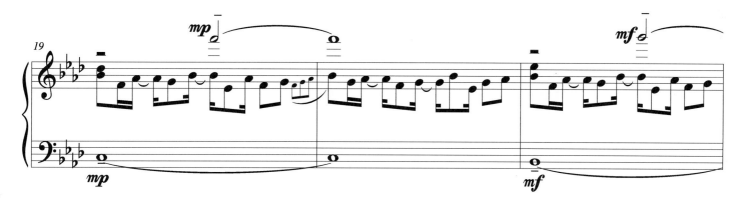

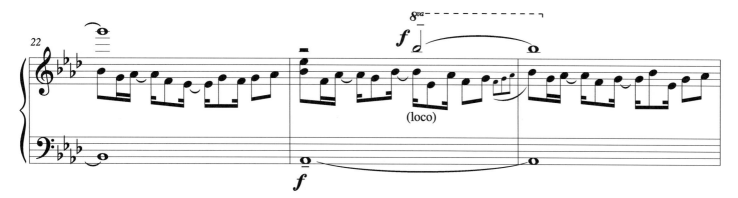

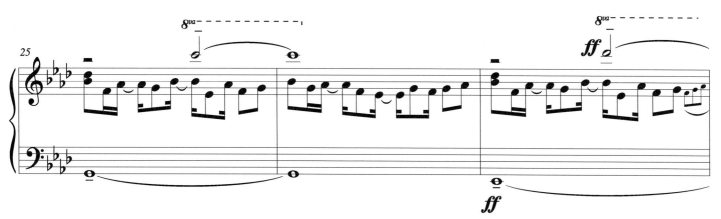

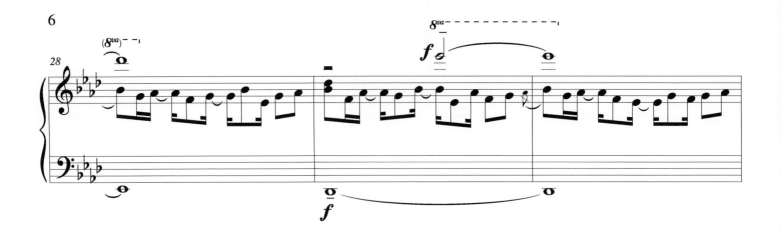

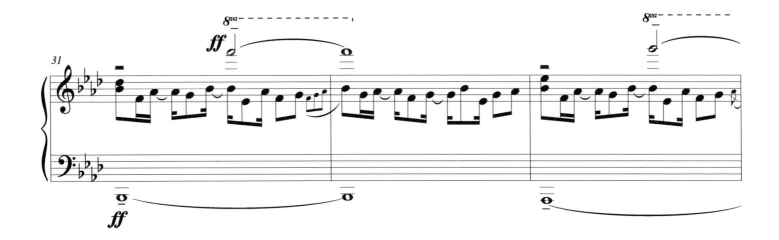

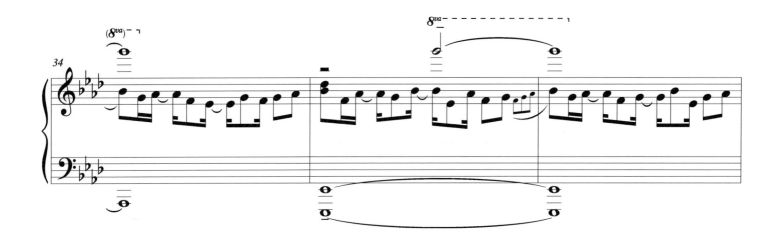

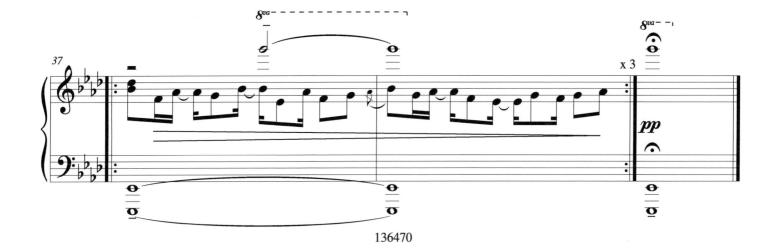

Ludovico Einaudi

CALORE

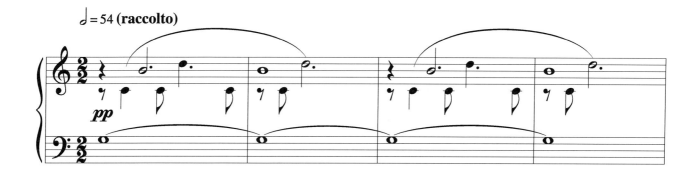

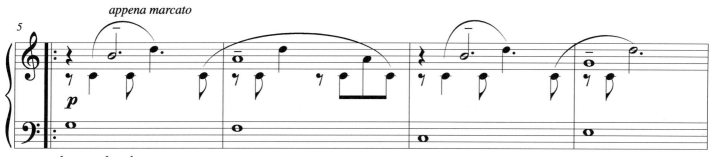

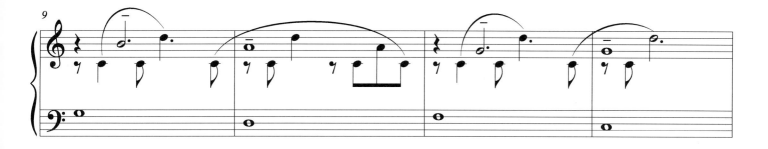

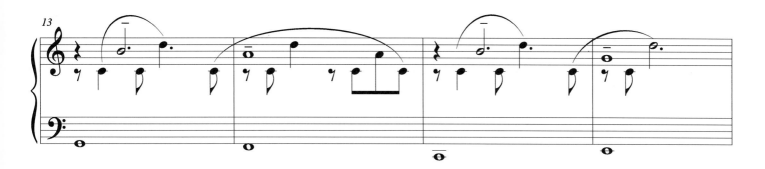

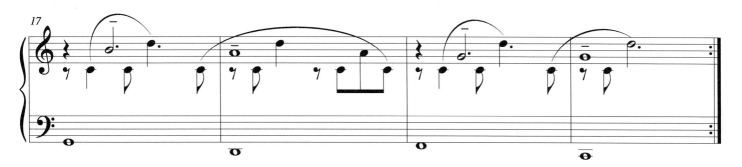

136470

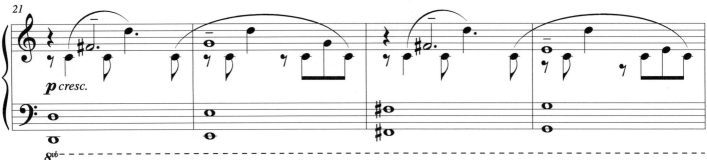

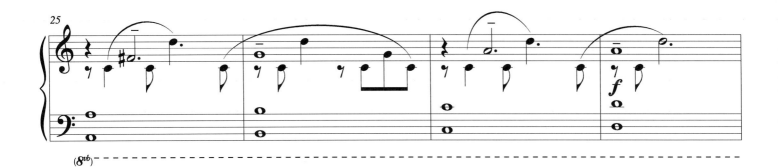

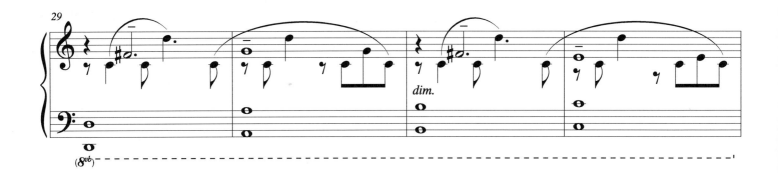

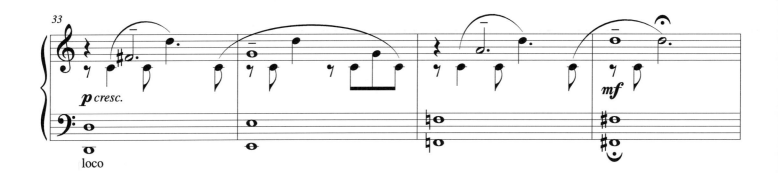

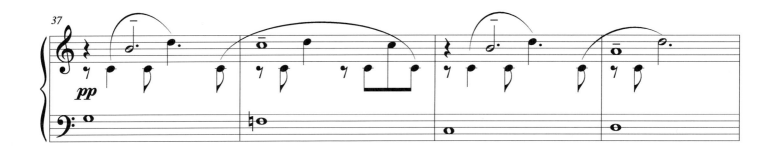

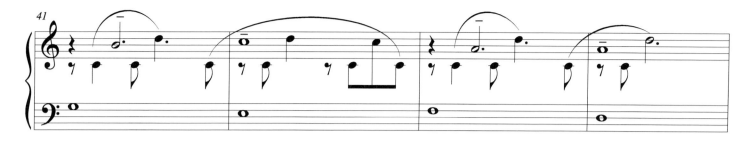

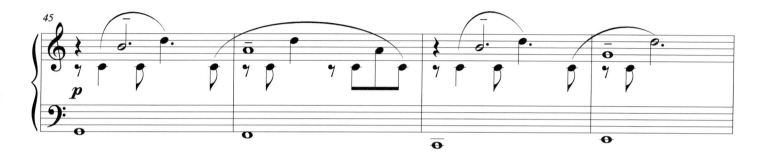

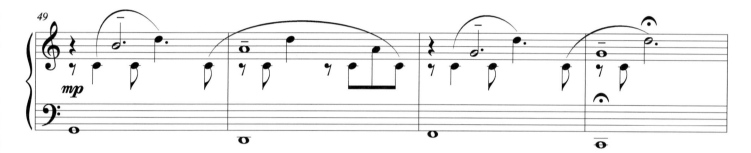

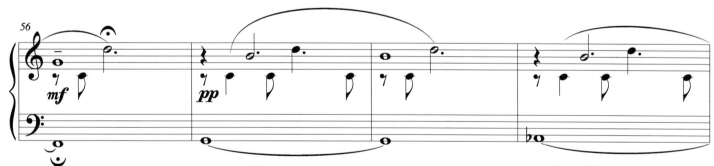

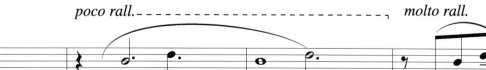

Ludovico Einaudi
MOTO

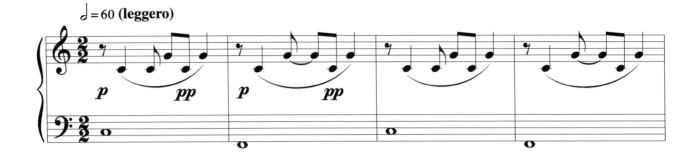

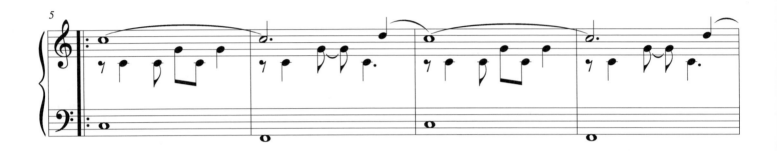

136470

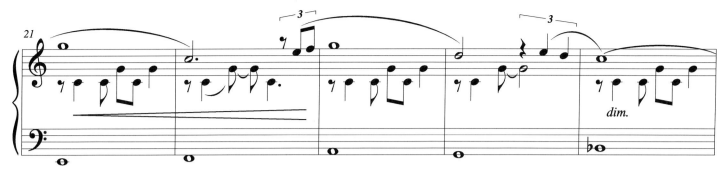

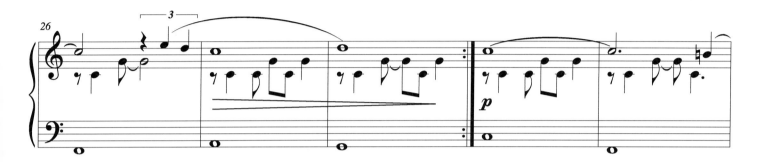

Ludovico Einaudi

CALMO

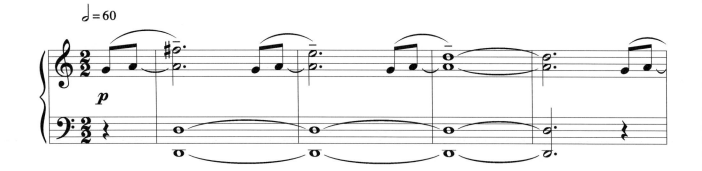

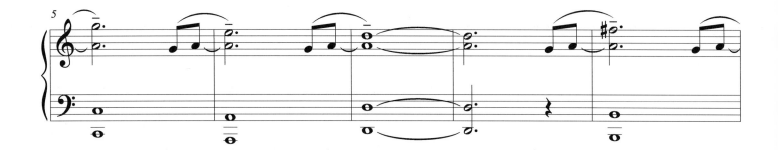

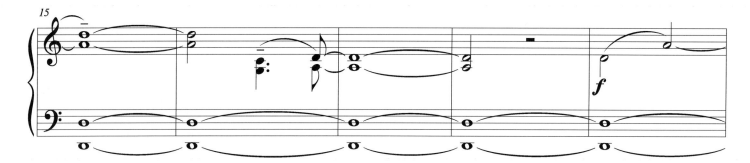

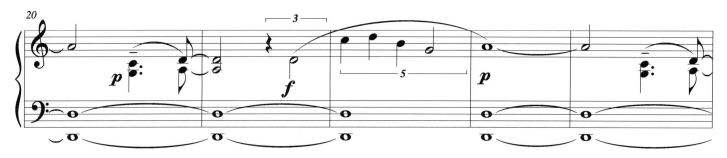

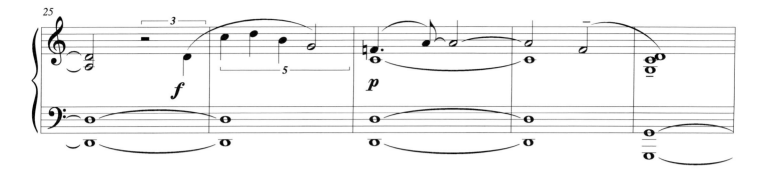

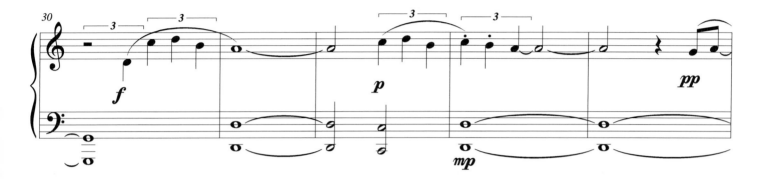

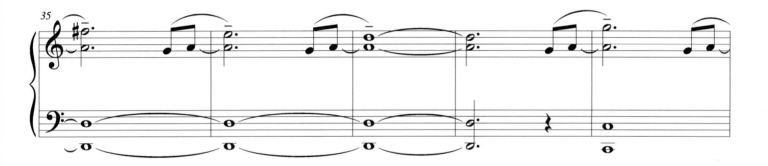

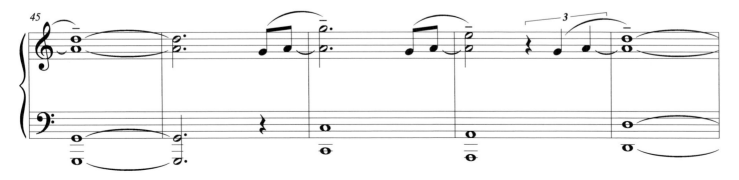

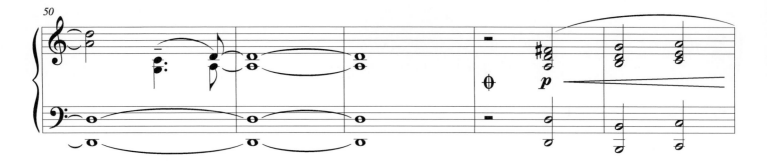

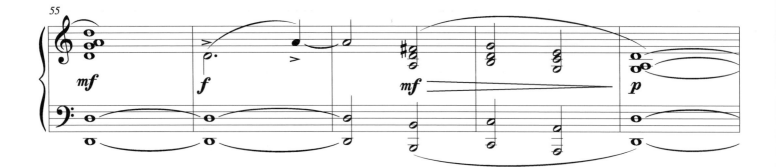

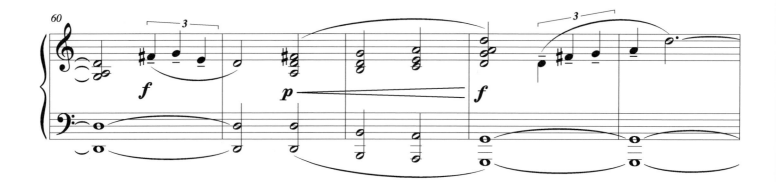

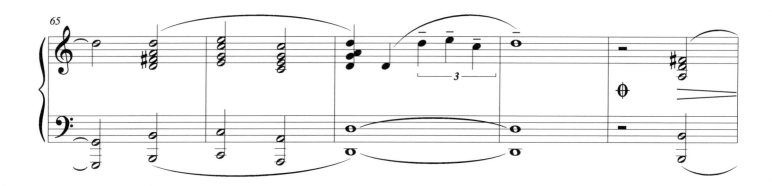

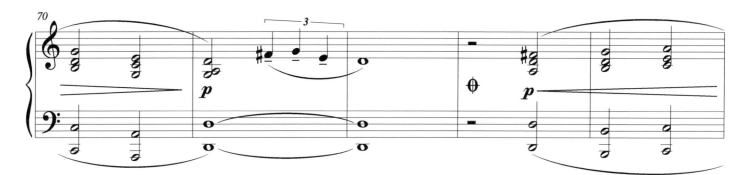

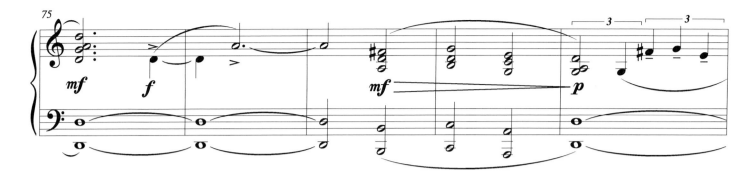

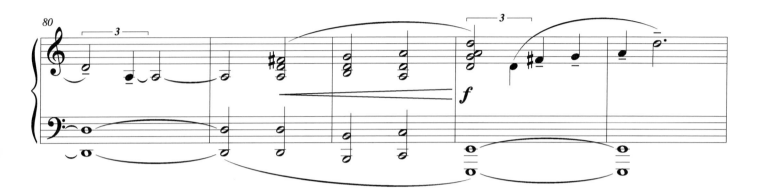

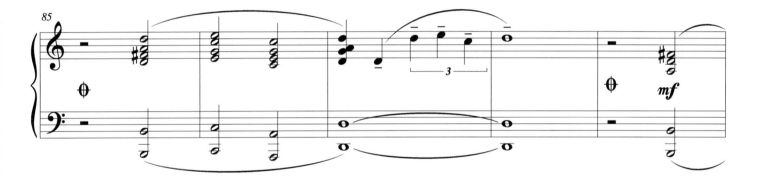

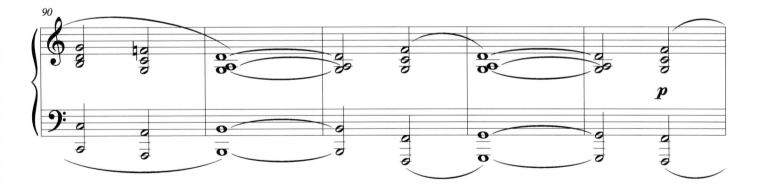

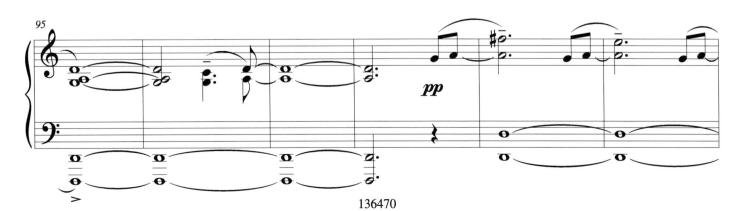

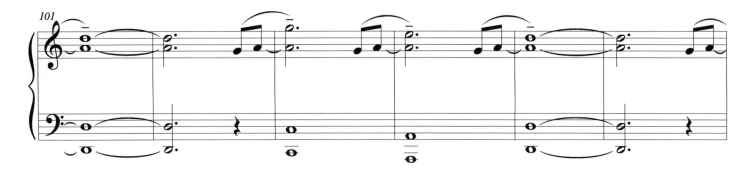

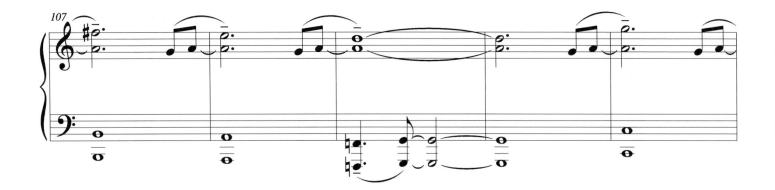

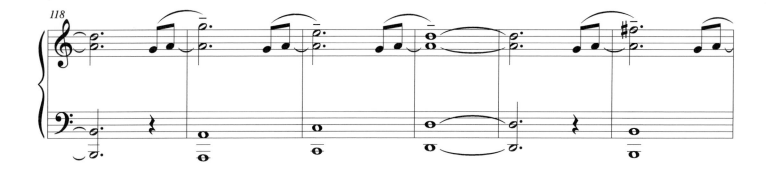

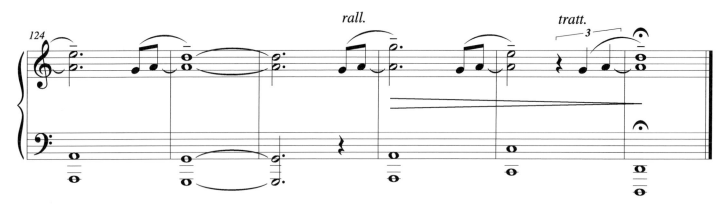

Ludovico Einaudi

VEGA

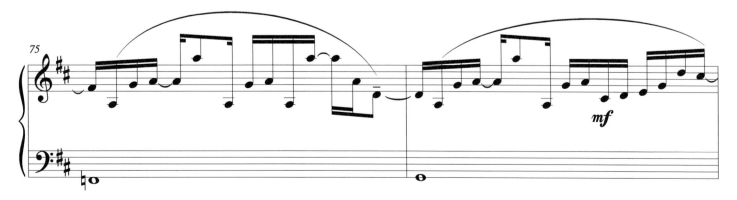

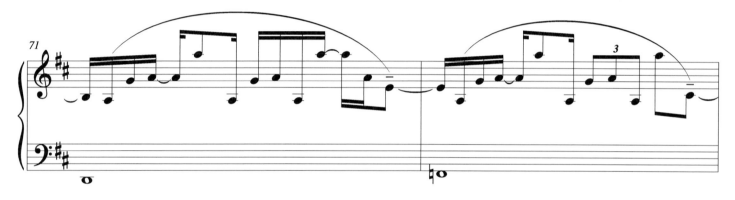

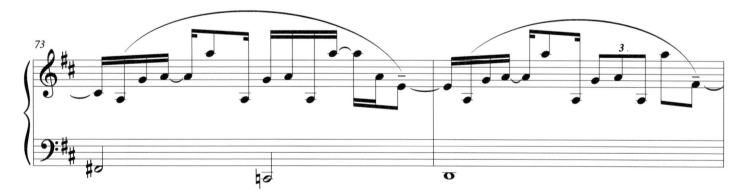

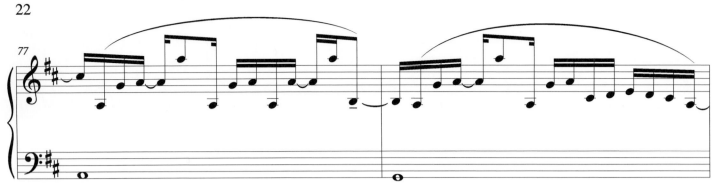

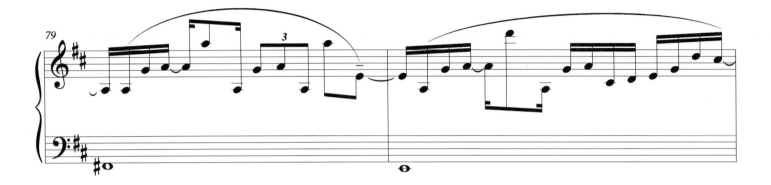

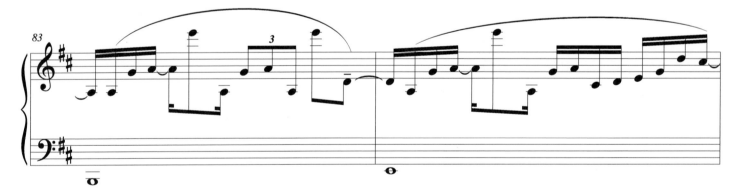

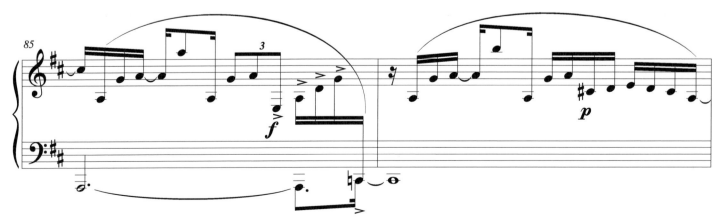

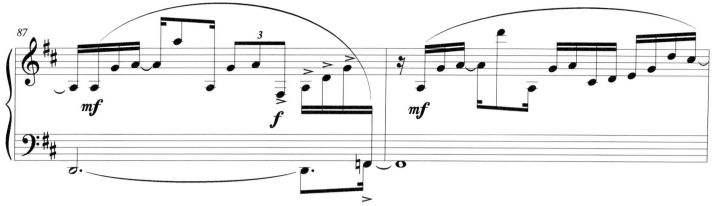

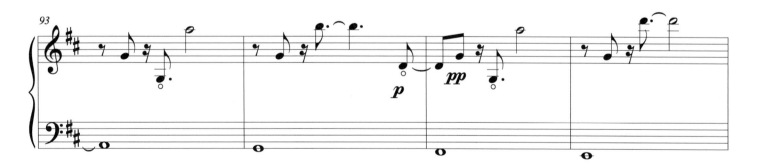

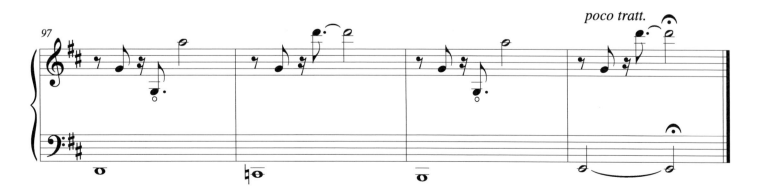

Ludovico Einaudi
ONDA

♩ = 88 (molto flessibile e sognante)

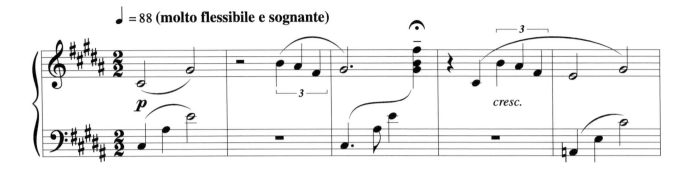

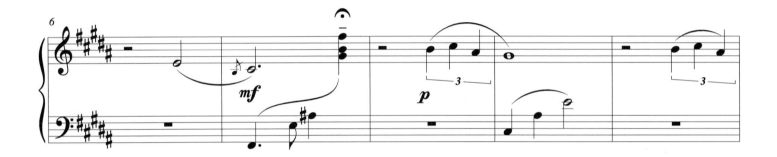

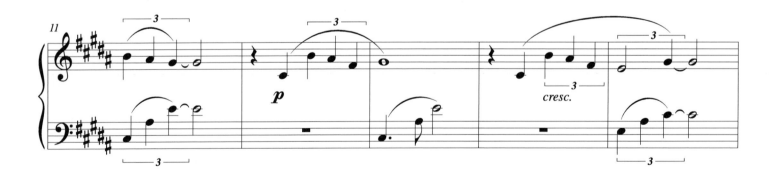

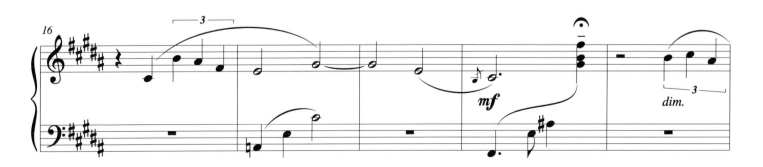

136470

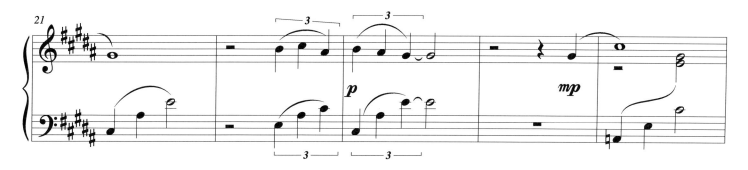

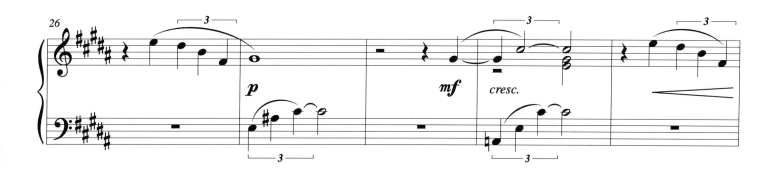

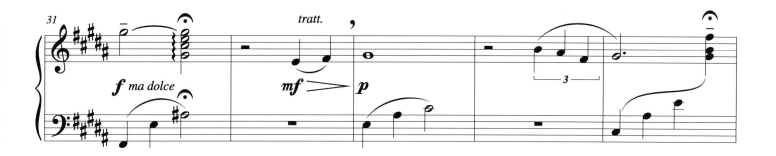

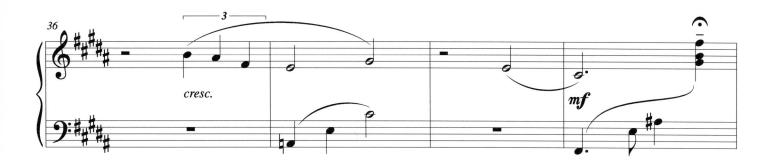

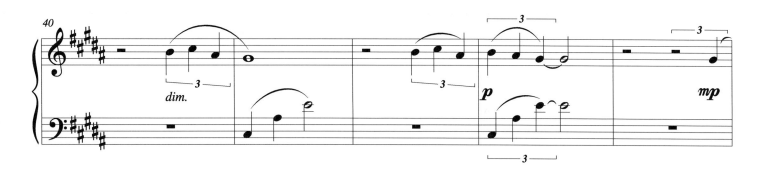

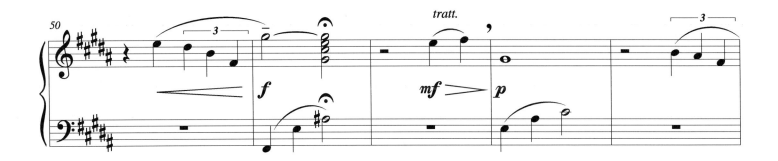

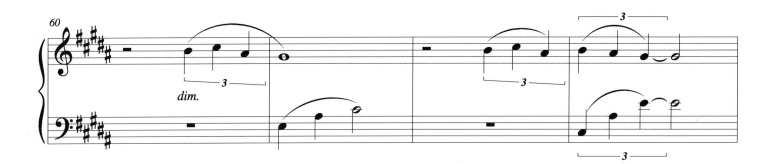

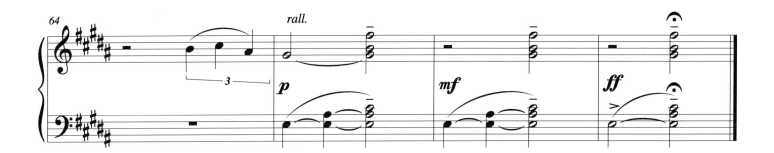

Ludovico Einaudi
CONTATTI

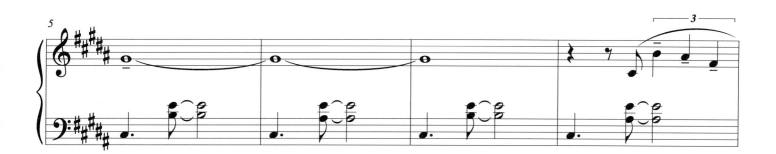

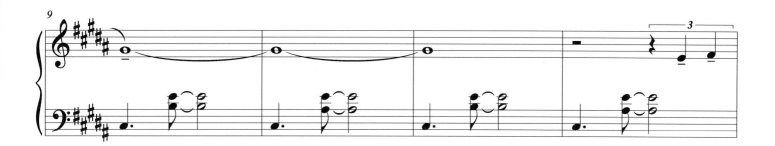

136470

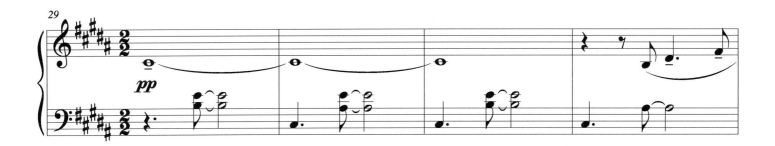

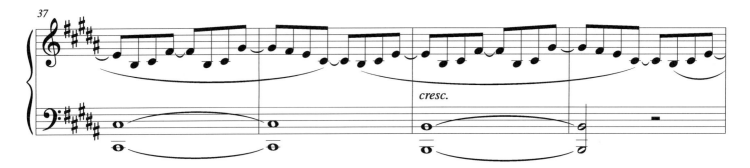

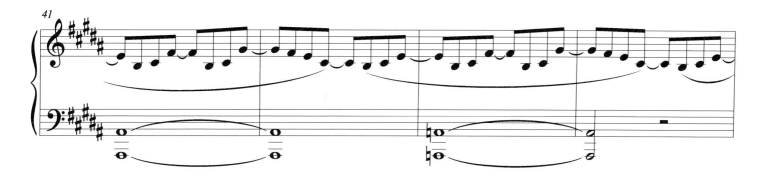

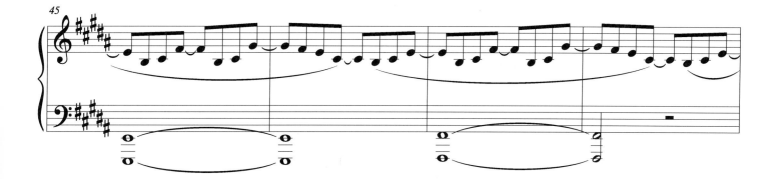

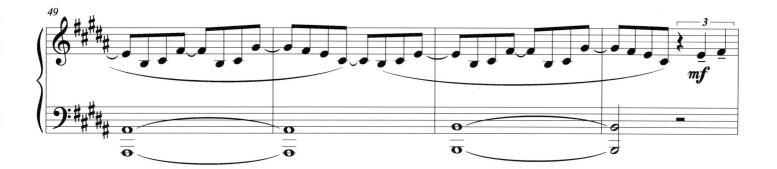

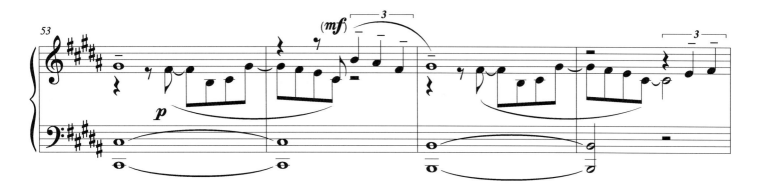

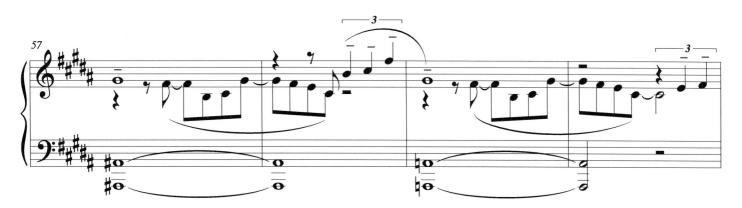

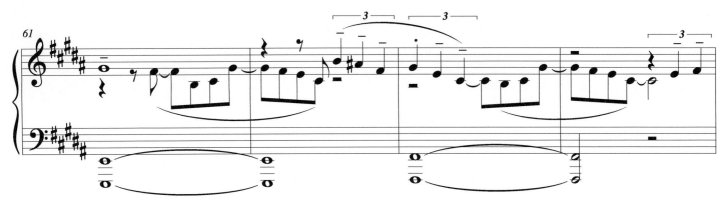

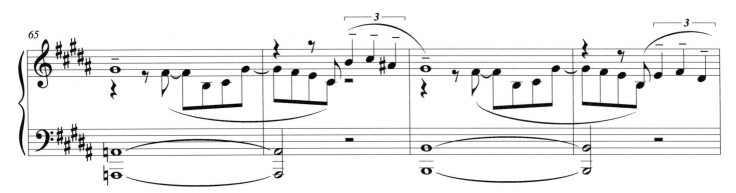

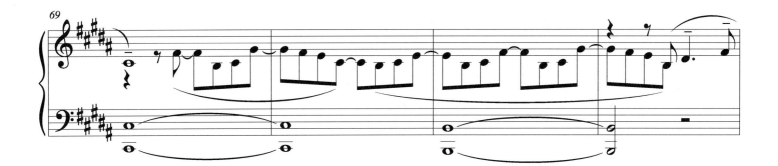

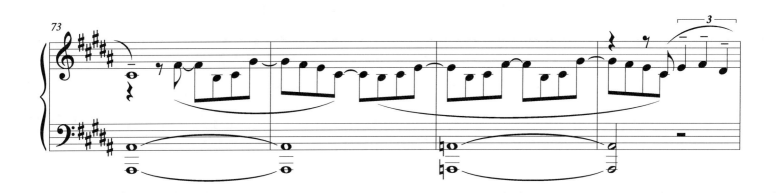

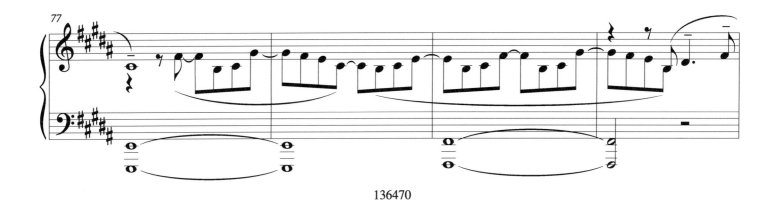

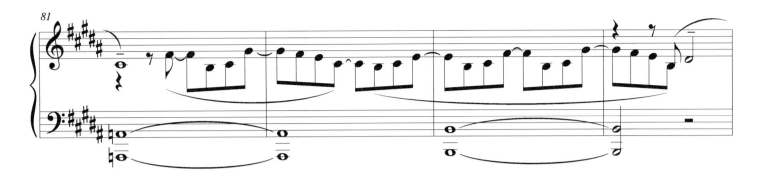

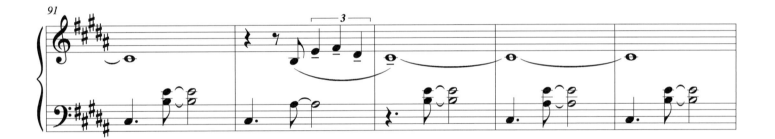

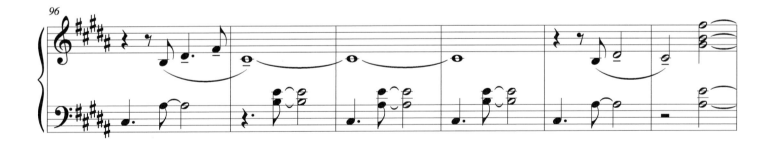

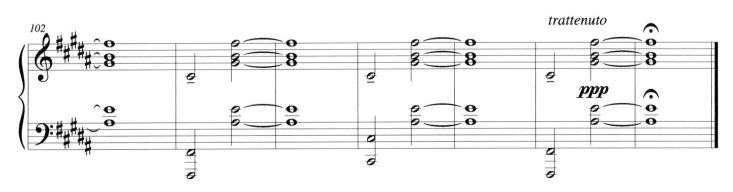

Ludovico Einaudi

RESPIRO

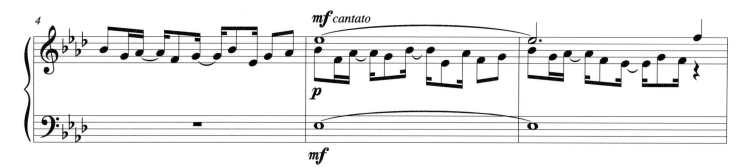

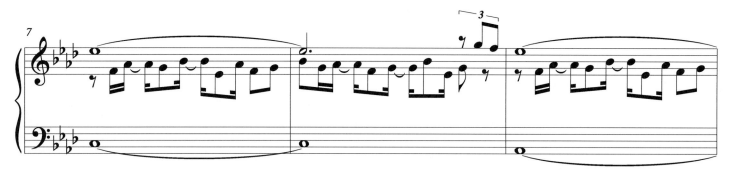

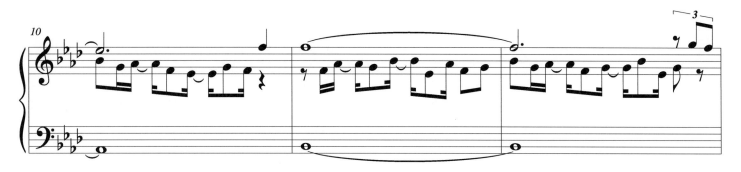

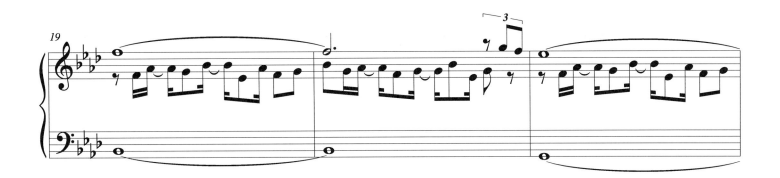

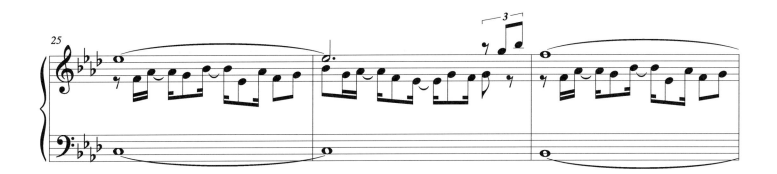

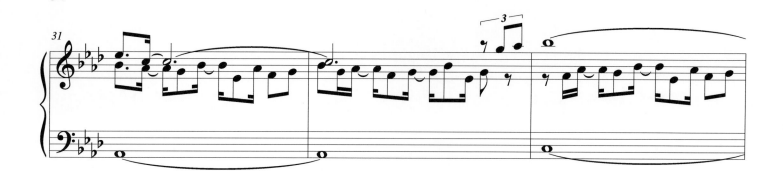

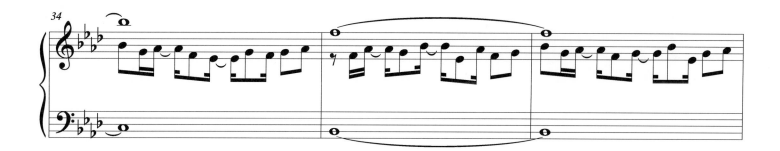

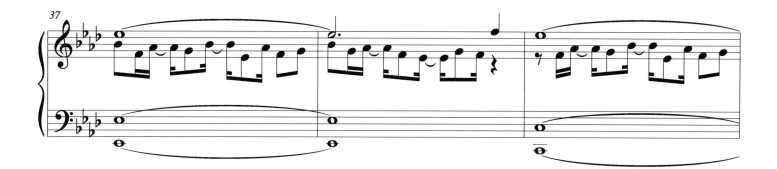

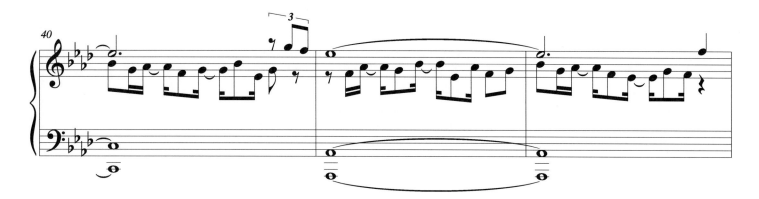

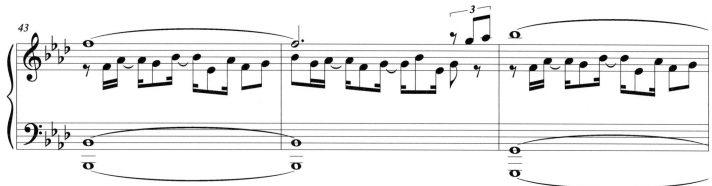

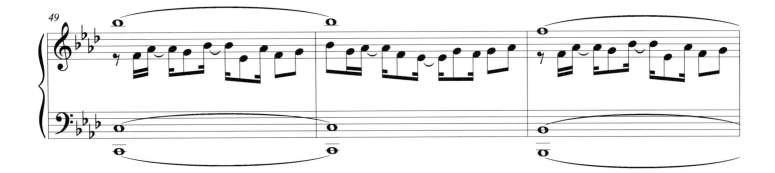

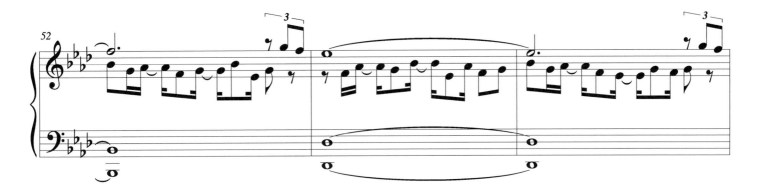

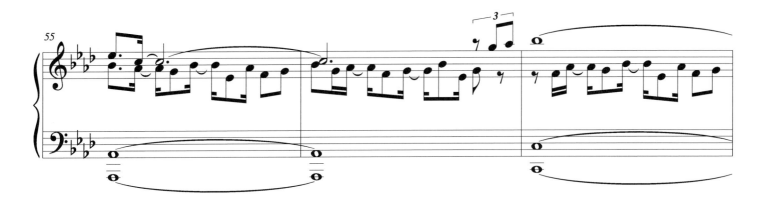

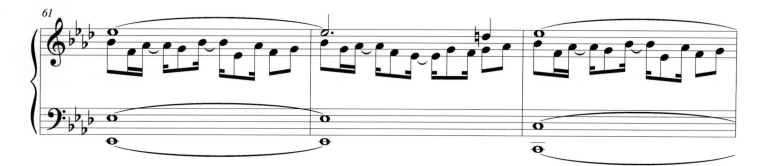

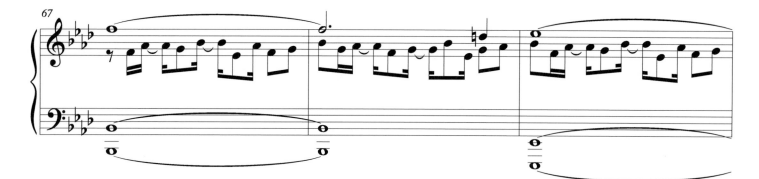

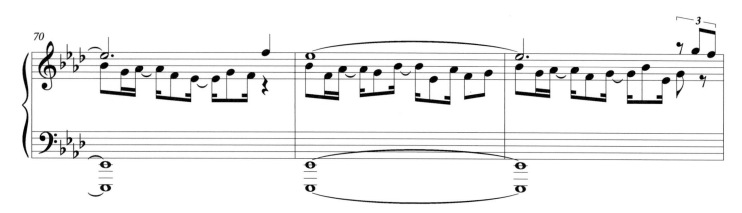

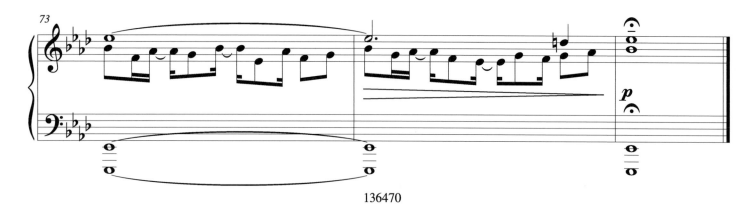

Piano generale dell'opera (autografo dell'autore) · Collezione privata
General outline of the work (author's autograph) · From a private collection

Ludovico Einaudi
LENTO

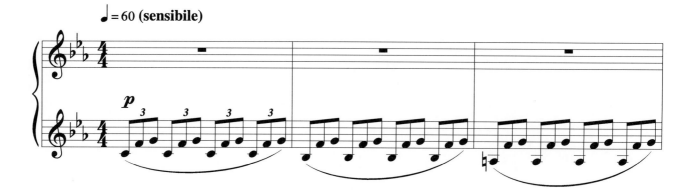

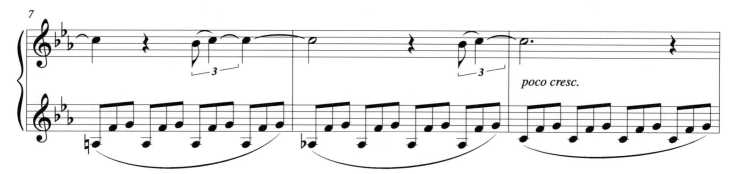

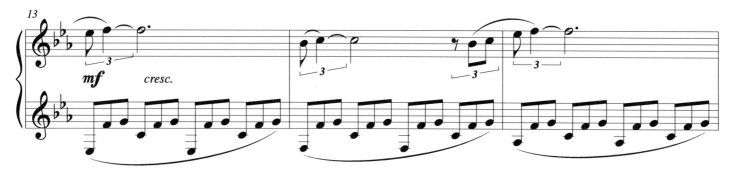

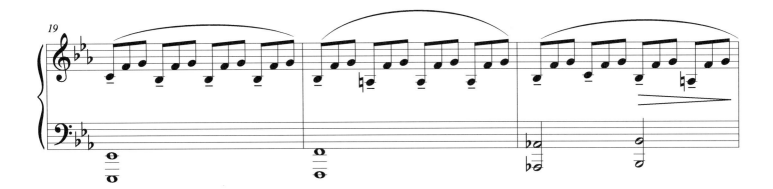

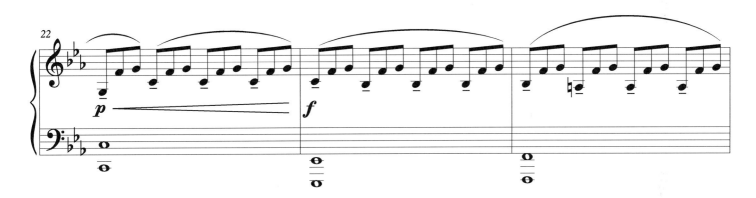

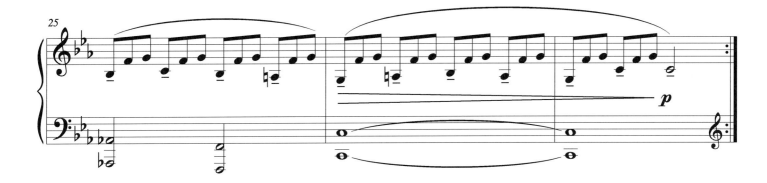

Ludovico Einaudi
ATTESA

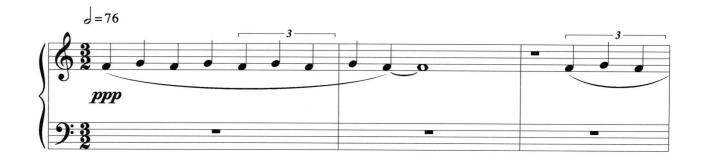

136470

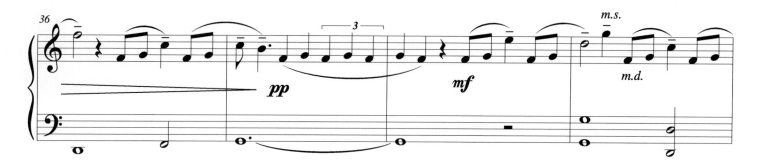

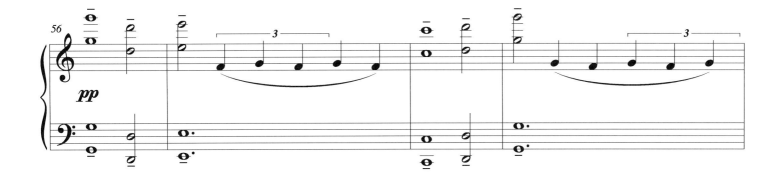

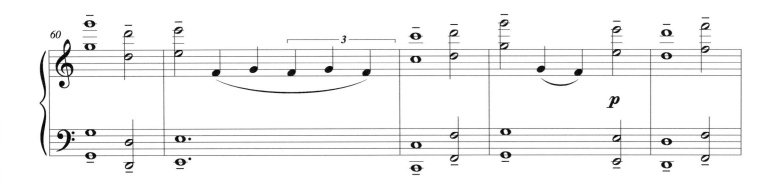

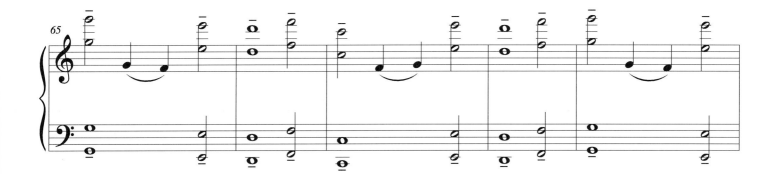

Ludovico Einaudi

CADENZA

136470

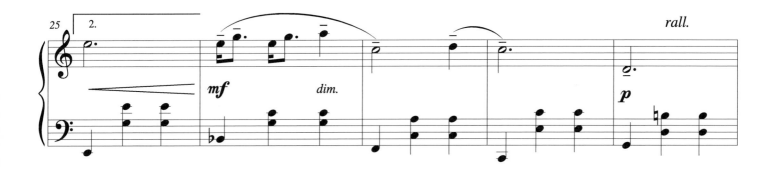

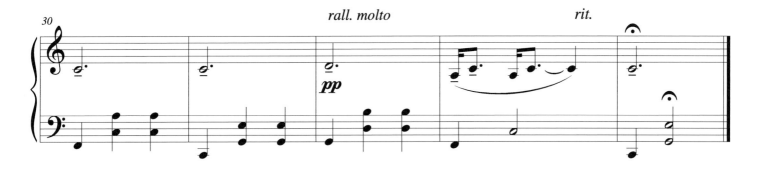

Ludovico Einaudi

ORBITE

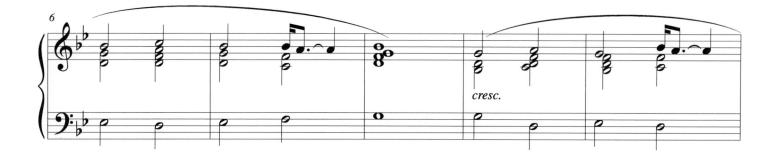

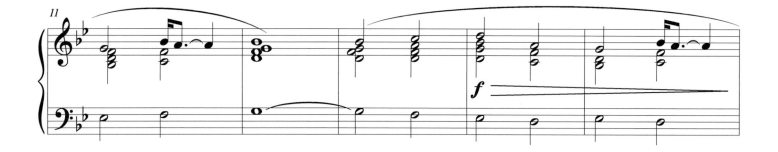

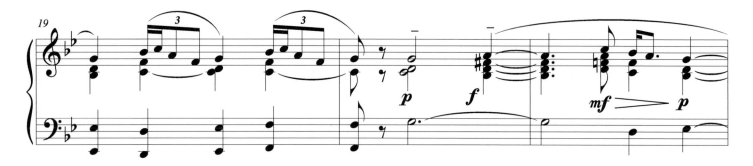

136470

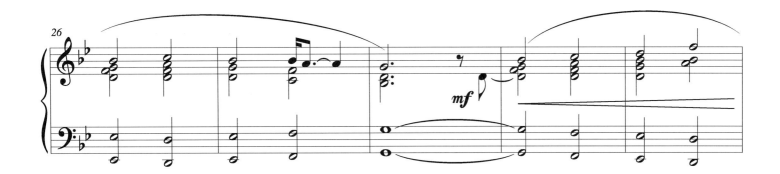

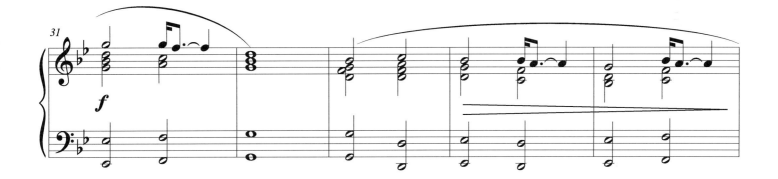

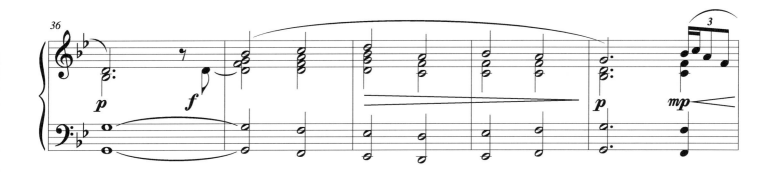

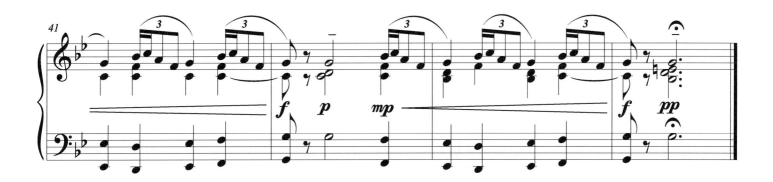

Ludovico Einaudi
MOTO PERPETUO

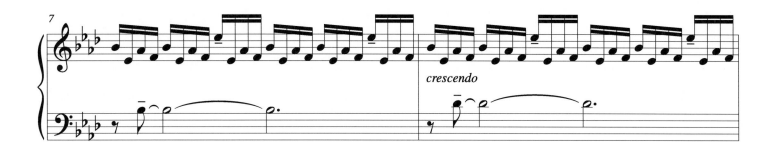

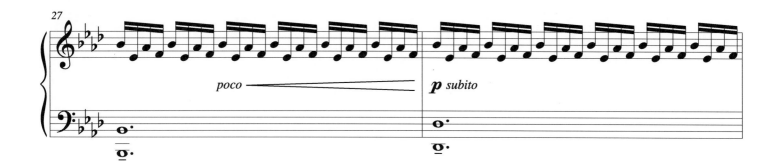

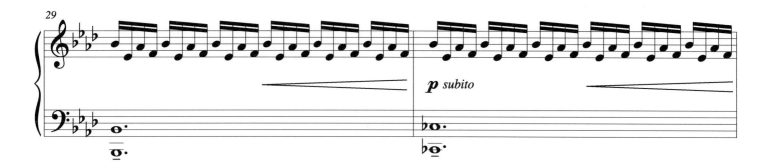

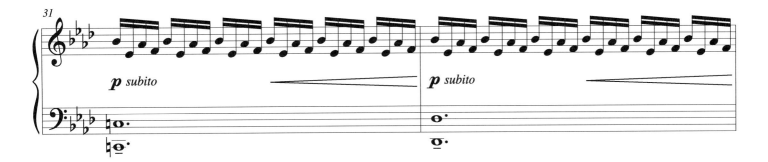

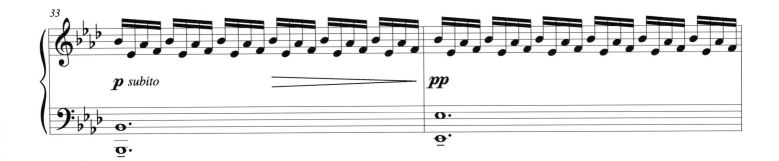

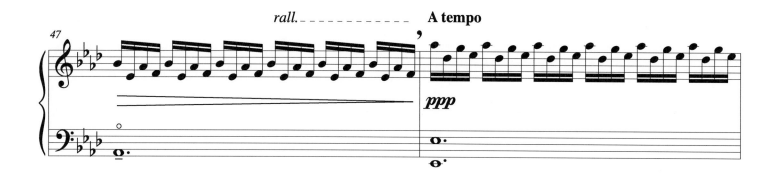

poco rubato

Ludovico Einaudi
CERCHIO

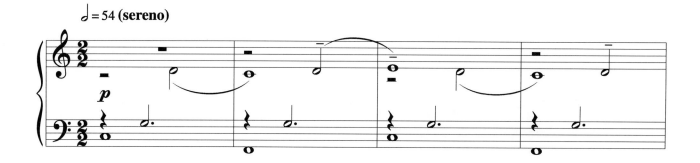

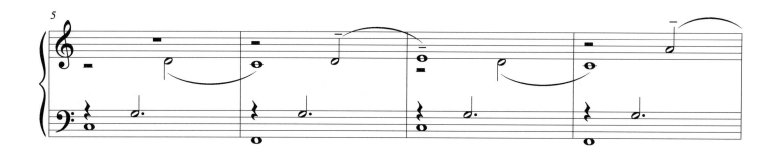

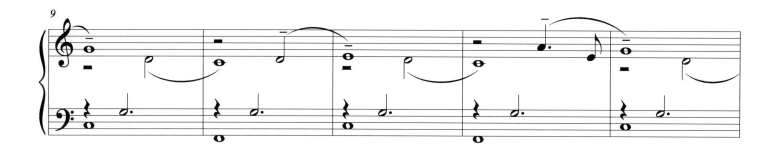

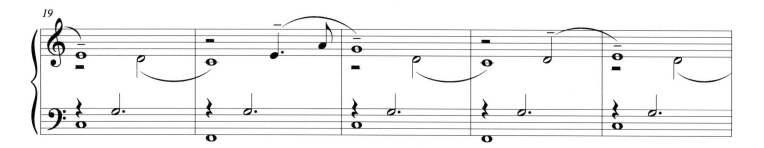

136470

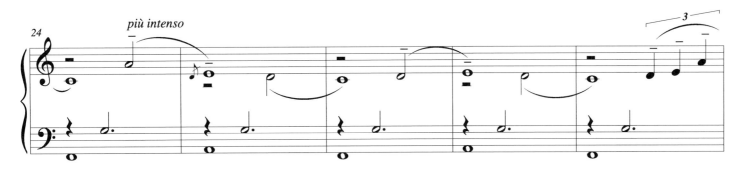

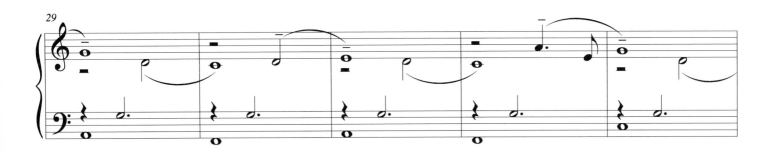

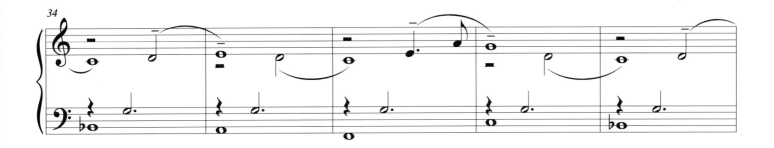

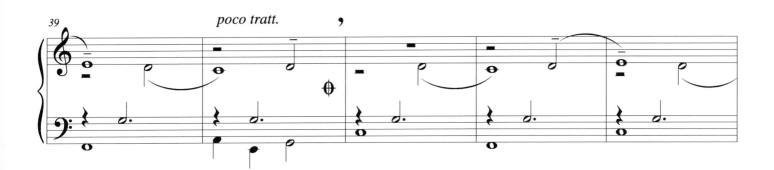

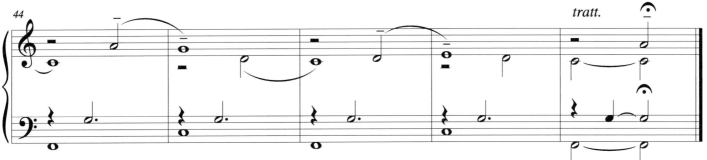

Ludovico Einaudi
RITORNO

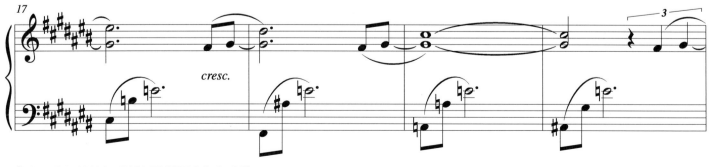

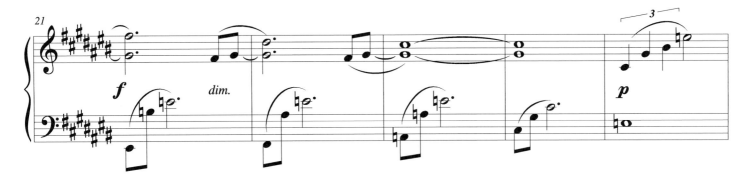

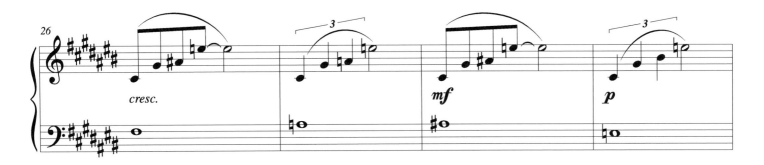

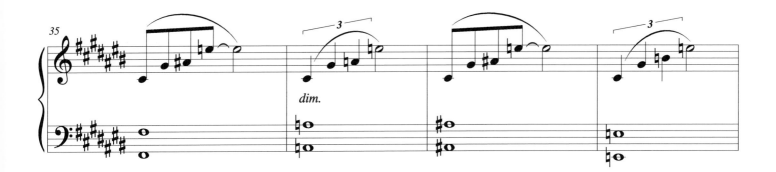

Ludovico Einaudi
NOTTE

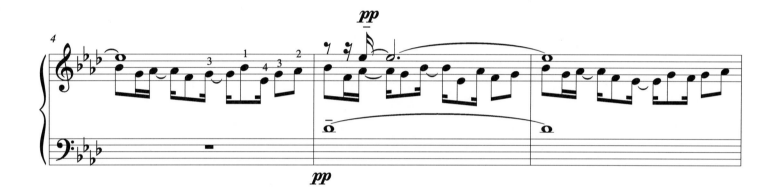

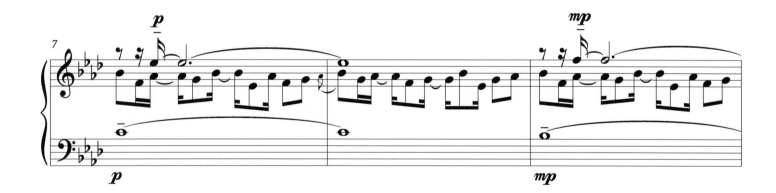

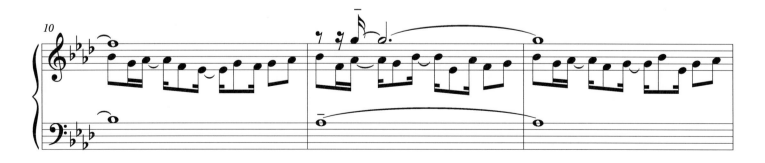

136470

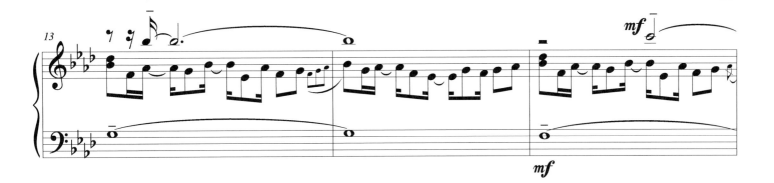

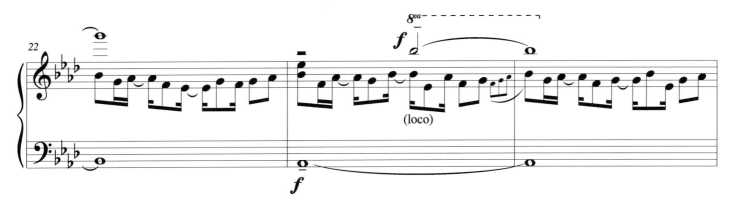

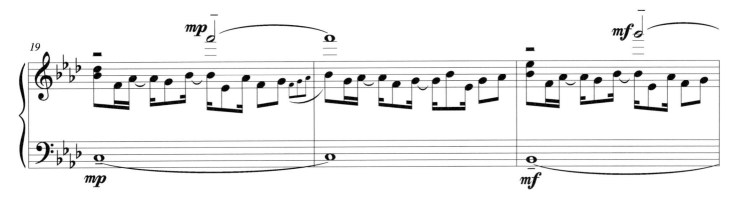

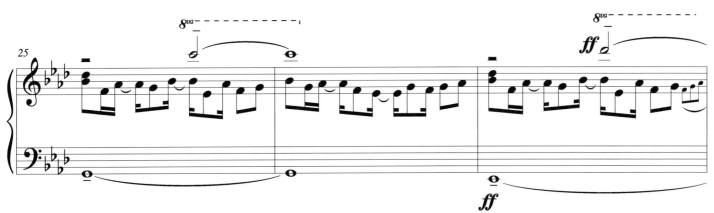

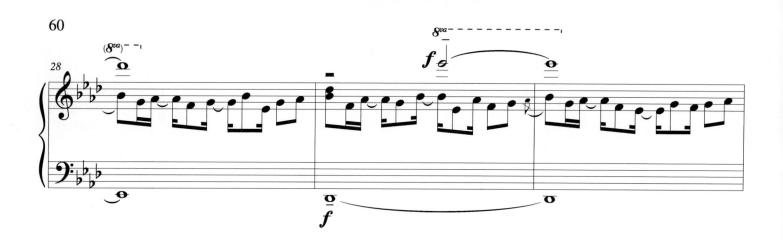

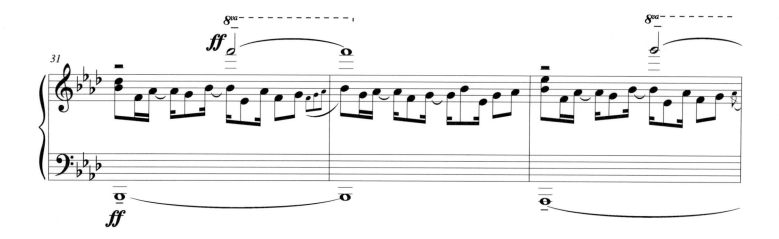

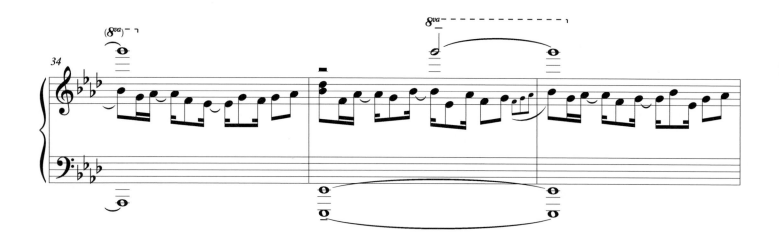

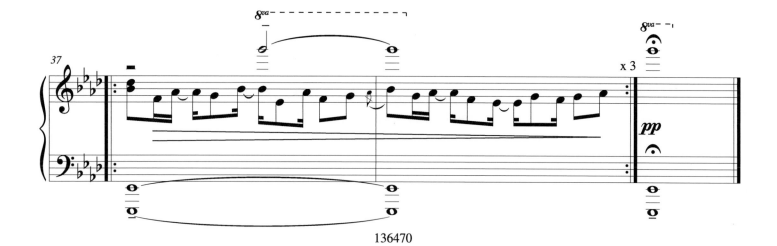